Jochen Windheuser

AF289425

Spiel

mit lyrischen Formen

Cover:
Laura Windheuser

Prosa sind nur Worte, Verse aber eine Perlenschnur.

aus Tausendundeiner Nacht, 35. Nacht: Ali Nur ed-Din

Bibliografische Information der Deutschen Nationalbibliothek:
Die Deutsche Nationalbibliothek verzeichnet diese Publikation
In der Deutschen Nationalbibliografie; detaillierte bibliografische
Daten sind im Internet über http://dnb.dnb.de abrufbar.

© 2025 Jochen Windheuser
Verlag: BoD · Books on Demand GmbH, In de Tarpen 42,
22848 Norderstedt, bod@bod.de
Druck: Libri Plureos GmbH, Friedensallee 273, 22763 Hamburg
ISBN 978-3-7693-0067-3

Inhaltsverzeichnis

Vorwort

Wenn wir uns etwas erzählen, sei es mündlich oder schriftlich, geschieht dies normalerweise in Prosa. Das heißt: Die Sprache selbst mit ihren Regeln und Gewohnheiten gibt die Form vor. Wir können einfach erzählen oder kompliziert, mit vielen Nebensätzen und anderen Konstruktionselementen des Satzbaus. Aber wir gehen nicht auf die Suche nach der besonderen Form, um ihr die Sprache anzupassen, sie ihr unterzuordnen, um der Schönheit dieser Form willen.

Das aber tun wir in der Lyrik. Gedichte brauchen eine Form, die sie von der Prosa abhebt. Viele Formen haben sich in den Sprachen der Welt herausgebildet. Oft sind sie mit musikalischen Formen verwandt. Wahrscheinlich sind alte lyrische Formen untrennbar zusammen mit musikalischen Elementen entstanden. Schon das Wort „Lyrik" kommt ja von der Lyra, der Leier, einem altgriechischen Instrument.

In vielen Kulturen, so scheint es, wurden vor einer Verschriftlichung die Erzählungen der Barden, der Alten, der Künstler in musikalischer Form überliefert und vorgetragen. Sie enthielten Rhythmen, Melodien, wiederholte Phrasen, genau wie die Musik, die etwa zu Tänzen aufgespielt wurde. Oft waren es Lieder, traditionelle Gesänge, deren Gestalt jeder kannte und deren Form man erwartete, wenn der Sänger oder Erzähler kam und am Feuer seine Geschichten vortrug.

Ich habe mich bisweilen gern an sehr verschiedenen lyrischen Formen versucht. Warum? Wenn ich ehrlich bin: einfach aus Freude an der Form. Vielleicht hat mich meine Nähe zur Musik dazu angesteckt. Manche dieser Formen sind sehr streng. Will man sie wirklich ausfüllen, kommt man um eng gesetzte Grenzen nicht herum. Wenn man ungenau ist mit den Hebungen, den Zeilenlängen oder den Reimen, geht es zwar schneller von der Hand, verletzt aber das Formgefühl. Treue zu den lyrischen Regeln, gerade das ist die Herausforderung!

Das Buch gliedert sich in acht Kapitel, und jedes enthält sieben Gedichte oder thematische Teile. Die Gedichte in Kapitel I sind Grenzgänger. Sie bewegen sich nahe an Prosaformen. Sie handeln jedoch von Musik, von der Musik der Schwarzen in Amerika und im Kontrast dazu von der Musik der dominierenden Weißen, und diese Musik findet sich in den Rhythmen und Versformen bestimmter Teile der Gedichte wieder.

Kapitel II greift dagegen eher streng auf die klassische, im Ursprung griechisch-antike Form der homerischen Hexameter zurück.

Die Form der Gedichte im Kapitel III entspringt einem besonderen Einfall. Alle Gedichte haben einen verwandten Inhalt und sind hinsichtlich Reimverteilung, Zeilenlängen und Hebungen gleichartig gebaut. Eine kleine, gediegene Spielerei!

Das Kapitel IV bildet dazu einen extremen Kontrast. Hier wird die Form der nordischen Hofgedichte aus dem frühen Mittelalter nachempfunden: Stabreime nach bestimmten Regeln, zwei Strophen zu jeweils acht kurzen, substantivischen Zeilen.

Im Kapitel V huldige ich dem Sonett, einer Gedichtform, die im Laufe der Literaturgeschichte (z.B. von Petrarca, Shakespeare, Rilke) immer wieder, mit leichten Abwandlungen, neu belebt wurde. Dieser Form fühle ich mich besonders verbunden.

Die beiden folgenden Kapitel betreten eine heitere literarische Welt. Sie behandeln kleine, aber ebenso strenge Gedichtformen, die zumeist einfach spaßig sein wollen, gern gewürzt mit „höherem Blödsinn" und „schwarzem Humor" (Limericks), oder die – wie schon seit der Antike (Martial) und der deutschen Klassik (Schiller, Goethe) – Ausdruck eines knapp gefassten, aber hoffentlich treffsicheren Spottes sind: Xenien.

Den Abschluss bildet ein Kapitel mit formal sehr unterschiedlichen Einzelgedichten, die sich zum Teil wieder deutlich an musikalische Formen anlehnen.

Zu Beginn der jeweiligen Kapitel gebe ich noch kurze Hinweise auf bestimmte Aspekte der darin enthaltenen Gedichte: Formale Regeln, Ideen beim Aufbau, Herkunft der Einfälle.

Bremen, im Februar 2025
Jochen Windheuser

I
Tritonus

Sieben Gedichte über die verminderte
Quinte

Die sieben Gedichte in diesem Kapitel handeln von der verminderten Quinte, das ist beispielsweise in der mit c beginnenden Tonleiter das *ges* oder auch, in der wohltemperierten Stimmung, das *fis*. Sie wird erreicht durch drei Ganztonschritte vom Grundton aus, deshalb auch die Bezeichnung *Tritonus*.

Die verminderte Quinte galt in der europäischen Musik des Mittelalters als verbotenes Intervall. Sie wurde geradezu „verteufelt", als Note des *Gottseibeiuns* denunziert.

Umgekehrt gilt sie im Jazz und besonders seinem Vorgänger, dem Blues, also der Musik der Schwarzen in Nordamerika, als zentraler Ausdruck des mit dieser Musik verbundenen Lebensgefühls. *Blue note* wurde sie deshalb genannt. Er oder sie „hat den Blues" war das einschlägige Lob für einen Jazzgesang, wenn der Umgang mit dieser Note, verbunden mit einem bestimmten, leicht schleppenden Rhythmus, besonders gelungen war.

Die Gedichte I, III und V drücken die „weiße" Musik aus wie auch den zugehörigen Rassismus gegenüber den Schwarzen. Die Gedichte II, IV und VI versuchen, die Antwort und das Lebensgefühl der Schwarzen, lange als Sklaven behandelt und unterdrückt, nachzuempfinden.

Das Gedicht VII deutet eine mögliche Synthese an.

I

Teufelsnote

Quer, wild, fremd,
nicht passig
in der Welt aus
Siegesmarsch und Trauermarsch,

pferdehufiger, schwarzer Missklang,
zauberschwärig, hexengebraut,
auflodernd aus dem
Tiefentanz der Erde,
willst uns ans Mark:

Nein!

Spreize nicht unsere Ohren!
Verkante nicht unsere Brust!
Don't touch me!
Weg
mit deinem Ekelschweiß.

II

Blue note

Blutschrei
auf der gepfählten Zunge
zuckend
unter dem Schlag
der Sklavenhändler und Pflanzer:

Schrei ihn heraus,
Schwarzer, Verminderter,
unter dem weißharten Stiefel,
peitschengebeugt,
den Klagelaut
aus Nieren und Gedärmen:

Schrei
wieder und wieder,
kauernd
unter dem Herrenklang
aus Metall.

III

Rassenmusik

Alle sind mit uns:
Pythagoras und der Kosmos
und das wohltemperierte Klavier
und Mozart und die Fischerchöre,
jawohl, und Gott selbst
in dreieiniger Harmonie –

Also, spricht der Oberstudienrat,
keinen Negerjazz, bitte,
keine Chaotenmusik,
seht ihn euch an,
das schwarze, offenporige Schreitier,
Charlie Parker,
was lauft ihr ihm nach,
dem drogenzerfressenen kehligen Schlund
und seiner improvisierten verminderten None
oder was weiß ich?

Ordnung überlebt:
oben und unten, Dur und Moll.

Lasst sie im Homeland
ihrer ächzenden Brunst,
wir machen das schon.

IV
Flatted

Habt mich gezerrt
in euren Kattun,
eingezwängt
in bunte Livrees,
verführt
mit Nadelstreifen und Lutherrock,
ausgestopft
als Onkel Tom und Sammy Davies,
degoutiert
als Präsident in Genf und Siegerin in Seoul:

Hart bricht der Stolz der Könige vom Senegal,
splitternd die Lanze des Massai beim Touch-down
der Boeing,
oder der Löwenmut des Martin Luther King,
oder der stählerne Trotz von Dizzy's Trompete.

Und nachts legt sich heiß
der Blues auf mein Gemüt,
bleibt bei mir
bis zum klappernden Morgen.

V

Kinderlied

Ich hab`
mein Abendland
aus dem Zwölftonkasten gebaut.

Ich kann doch nicht
die süße Wärme des Regens
an meinen Synthesizer lassen.

Kraushaar
muss man kämmen
und Haarlack nehmen.

Ich halt` mir
das unbändige Kind
vom knirschenden Leibe

und erfinde
Wattefilterohren
gegen den Laut aus dem Seelengrund.

VI

Heimatlied

Komm, Bruder,
zum alten Fluss,
dort wispern die Ahnen
vom Treibholz.

Hör mich, Bruder,
mein langer Ton
lebt in deinen Lenden,
deine Mum kocht ihn
im Feuerbohnentopf.

Fass mich an, Bruder,
wir tanzen im Leichenzug,
Goldketten am Arm,
blasen unsre Seelen vor die Hütten,
and soultrain
is grooving and grooving and grooving …

VII

Tritonus

Menschenlaut,
Erdwurzellaut,
halt uns zusammen!

Leben wir nicht alle
von Satchmo's Cornett
und Maurice Ravels kluger Empfindung?

Hört hin ...

Er ist uns
fremd wie der Mensch,
fern wie unser Blut,
verborgen wie unsere Zunge ...

Hört hin ...

22

II
Das Wort und das Land

Die Idee zu diesen Gedichten wurde bei der Lektüre von Halldór Guðmundssons isländischer Literaturgeschichte *Im Schatten des Vulkans* (2024) geboren. An einer Stelle schreibt er, die ersten, aus Norwegen stammenden Siedler seien in ein „wortloses Land" gekommen, sie hätten das Wort, also Sprache, Geschichten, Erzählungen erst mitgebracht.

Diese interessante Idee inspirierte mich zu einer Reihe von Gedichten, die jeweils eine geschichtliche oder aktuelle Situation aufgreifen, in der das Wort, etwa ein bestimmter Gedanke oder bestimmte Mitteilungen, in engem Bezug zu einem bestimmten Land stehen – einem Landstrich, einem Kontinent, oder auch nur einem Grundstück.

Das Gedicht I „Island" kreist poetisch um eben diesen literarischen Einfall von Halldór Guðmundsson. Die Gedichte II und III, „Palästina" und „Migranten", verarbeiten aktuelle Probleme, IV bis VI („Die Anden", „Pilgerväter" und „Kreuzzüge") analysieren geschichtliche Verdichtungen des Verhältnisses von Wort und Land, und das letzte Gedicht „Die Macht des Grundbuchs" spießt etwas humoristisch einen Charakterzug unserer heutigen Gesellschaft auf.

Formal handelt es sich jeweils um achtzeilige reimlose Hexameter.

I
Island

Wortloses Land. Sie tragen die
Sprache, Gedichte, Geschichten

westwärts in eisige Buchten,
Wüsten von Schnee und Steinen:

Nordische Wikinger, Sklaven und
Frauen von keltischer Erde.

Staat entsteht, nicht aus Burgen und
Städten: aus Worten, Gesetzen,

kundgetan jegliches Jahr von der
Felsenkanzel, hinunter ins

streitbare Volk der Bauern und
Goden, aus Göttersagen,

Heldendramen, Weisheit der
Alten, erzählt von Skalden und

Großmüttern, abends am Feuer, wenn
draußen die Geister wispern.

II

Palästina

Wort vom Land aus Milch und
Honig, vorausgeworfen

vierzig Jahre dem Zug der
Zehntausend, gewagtes Wort des

Moses, es lockte das Volk aus der
Knechtschaft Ägyptens durch Wasser und

Wüste. Sie nahmen das Land, das
Wort vergab ihre Taten.

Heute erheben Siedler das
Buch, als wär's eine Waffe,

breiten sich aus im bevölkerten
Land Palästina, berufen sich

auf das gewagte, gefährliche
Wort des Moses, zerstören das

Leben in Frieden, die Nachbarn, sich
selbst, die Zukunft des Landes.

III

Migranten

Information eilt voraus, aus
Worten und Bildern, verführerisch

blendend in Social Media:
Dort sei das Land ohne Armut,

Dürre, die Banden, den Krieg, den
Geheimdienst. Der Bruder schreibt lockende

Worte, der Freund aus dem Dorf, das
schwarze Model, sie zeigen

das rettende Land: Europa,
Deutschland, Schweden, England.

Worte verankern den Geist im
Land der Zukunft. Dorthin

ziehen die Kräfte verzweifelter
Hoffnung. Niemand zähmt sie,

Meere nicht, kein Elend in
Lagern. Gewehre, vielleicht.

IV

Die Anden

Pachamama, Mutter
Erde, das gute Leben:

Einheit von Land, Natur,
Gemeinschaft der Ahnen und Lebenden.

Dort hinein zertrümmern
gierige Horden spanischer

Krieger die Welt der Anden,
verderben die blühenden Völker

hoch in den Wäldern. Sie bringen ein
Buch, aus schwarzen Lettern,

stumm, es spricht nicht, anders als
Tiere und Berge und Pflanzen,

anders als Menschen. Sie sagen, das
Buch sei heiliges Wort, doch

nährt es nicht, wie das Land, wie die
segnende Mutter Erde.

V

Pilgerväter

Neues Land für das Wort! Was
Glauben leitet, Gemeinde

stiftet und hält: Die Heimat
verbietet das Denken und Sprechen,

Predigt und Wort sind bedroht mit dem
Tod. Da beschließen die Ältesten:

Hängt nicht an Häusern und Sachen,
verkauft sie. Nützliches bringt auf die

Schiffe, eure Familien
zuerst, dann Geräte und Tiere,

allen voran aber Bücher,
unsere Schriften, Traktate,

Gottes Wort, ja: künftiges
Wort, noch ungeschrieben, die

Druckerpresse!, segelt mit
uns ins Gelobte Land.

VI

Kreuzzüge

„Deus lo vult!" Ein Wort des
Verbrechens, der Hochmut, der Anmaßung,

Scharen von Rittern, Soldaten,
Gewalttätern trieb es im Namen des

Kreuzes in fremdes Land, das sie
„heilig" nannten, einnahmen,

schändend eroberten, dreiste
Vollstrecker im Namen Gottes,

Land, auf dem einst ein Jude,
Jeshua, wanderte, lebte, wie

wenn er bei Gott seine Heimat
hätte. Geliebt, gekreuzigt,

unvergessen. Doch heiligt die
Botschaft das Land, die Erde?

Kreuzzug. Ein Wort, das Mordlust und
Habgier tückisch verblendet.

VII

Die Macht des Grundbuchs

Wörter beherrschen das Land. Nicht
wer es bestellt, besitzt es,

Mietern gehört es nicht, Pächtern und
Arbeitern nicht ihr Gelände.

Schriftstücke, Worte in Akten
benennen die Herren des Bodens,

Regeln des Rechts verordnen,
wessen Zuhause ein Land ist,

Nicht wer es liebt, wer es Heimat nennt,
darf sich ein Vorrecht erträumen.

Welt des Wortes! Wir schweben auf
Gondeln von Texten oben,

weit in der Höhe, verlieren den
Boden zu stehen und gehen,

unser Land, verwachsen mit
unserem täglichen Leben.

III
Tiere in der Bewegung

Es begann mit dem Gedicht Nr. III, dem springenden Laubfrosch. Ein Mensch, der Autor, versetzte sich in eine Tierbewegung und erlebte sie, wie wenn er das Tier wäre, aber eben doch kommentierend, aus einem menschlichen Gemüt heraus. Wie von selbst ergab sich die Form: Reime, Zeilenlängen, Hebungen.

Wie in einem kleinen kreativen Rausch sah ich, dass diese inhaltliche und formale Figur übertragbar ist. Es entstanden konsequent ähnlich aufgebaute Gedichte über die Möwe, den Schmetterling, den Büffel, die Lumme, die Katze und die Ameise.

Viel Vergnügen!

I

Schwerelos

Wenn die Möwe schwebt,

dann genießt sie das Segeln sehr!

Schließt die Lider im Winde,

der wiegt sie gelinde,

und sie fühlt: Sie lebt!

Ein Rausch über Land und Meer …

II

Scheinbar ohne Ziel

Wenn der Schmetterling fliegt,

dann taumelt er kreuz und quer!

Folgt er lockendem Duft?

Oder treibt ihn die Luft,

bis die Kraft versiegt?

Als gäb's keine Ziele mehr ...

III

Entschlossener Abschied

Wenn der Laubfrosch springt,

dann gibt es kein Halten mehr!

Denn er muss sich entscheiden,

jedes Zögern vermeiden,

dass das Landen gelingt:

ein Flug ohne Wiederkehr …

IV

Schwergewicht, ungebremst

Wenn der Büffel flieht,

dann wälzt er die Welt vor sich her!

Alles Denken verdampft,

wenn der Leib rastlos stampft.

Alles rot, was er sieht!

Ein Sturmwind, so erdenschwer …

V

Riskanter Sturzflug

Wenn die Lumme taucht,

dann wirft sie sich selbst als Speer

auf die quirligen Fische,

dass sie zockend erwische,

was das Küken jetzt braucht.

Weh, sie kommt mit dem Schnabel leer!

VI

Sanfte Drohung

Wenn die Katze erscheint,

dann schwebt sie von irgendwo her,

ihre Samtpfoten lupfend,

den Staub nur betupfend,

als wär' niemand gemeint.

Und doch lauern Krallen zur Wehr.

VII

Glied sein

Wenn die Ameise rennt,

dann sucht sie ihr Heimatheer,

wo sie weiß, was zu tun,

gegen Ängste immun,

wo sie alles kennt.

Sie nützt ihm, wie Tropfen dem Meer.

IV
Versuche in der Fornyrðislag

„Fornyrðislag" ist ein zusammengesetztes isländisches Wort aus der Literatursprache. Es besteht aus den Begriffen *alt* oder *antik*, *Wort* oder *Rede* sowie *Art und Weise, Methode, Form* oder auch *Lied*. Es ist also die *alte Weise des Wortes* oder *des Sprechens*.

Technisch bezeichnet es das eddische Versmaß, also den Typus vieler Gedichtzeilen in der alten Edda, der Sammlung altnordischer Dichtungen, wie sie im 13. Jahrhundert niedergeschrieben wurden, aber natürlich aus einer viel älteren Überlieferung stammen.

Kernelement ist der Stabreim. In zwei aufeinanderfolgenden kurzen, nur zweihebigen Versen müssen mindestens zwei, meistens drei betonte Wörter (oder wenigstens Silben) mit dem gleichen Laut beginnen. Die Länge eines Gedichts ist nicht eng vorgeschrieben, aber es hat sich im Laufe der Zeit eine besondere Form herauskristallisiert, das (norwegische) *Hofgedicht*, Preislieder auf Könige oder Fürsten, deren zwei Strophen jeweils aus acht Zeilen bestehen.

Diese Art Lyrik ist in der isländischen Dichtung, auch von modernen Autoren, häufig aufgegriffen worden.

Weil im Altnordischen (und noch im heutigen Isländisch) Beugungen oft an den Wortstamm angehängt werden, ergibt sich eine stark von Substantiven geprägte, artikellose Ausdrucksweise. Sie ist im Deutschen schwer nachzuahmen.

Ich habe es versucht und bemerkt, dass sich dramatische, zugespitzte Themen darin eindrucksvoll fassen lassen. Die Gedichte II „Klimakrise", III „Populismus", IV „Krieg" und VII „Vulkanland" geben davon Zeugnis. Aber auch andere Stimmungen lassen sich mit diesem Stil einfangen (Gedichte V und VI). Das erste Gedicht würdigt die Form selbst, die Fornyrðislag.

I

Alte Art zu dichten

Atem der Ahnen,

alt wie mein Geist,

Heimat und Halt im

Heute – vergebens.

Fernes Fühlen,

fremdes Sprechen,

versunkene Sänger –

seelenverwandt?

Zeit. Ein Zauber

zieht mich an.

Skaldenwelt, von

Skagen nordwärts:

Künder des Kampfes, der

Könige, Götter. Was

bleibt? Ein vergehendes

Blühen der Bilder.

II

Klimakrise

Buchen brennen,

es bersten die Stämme,

Luftkerzen lodern,

Land wird versengt.

Dürre droht,

Durst den Menschen,

Tiere taumeln

todgeweiht.

Wasser der Welt

wogen und heben sich,

Häuser und Höfe

haltlos, zerstört.

Klima kreißt,

kämpft in Schmerzen.

Wo ein Wächter?

Wer hält ein?

III

Populismus

Wählt sie weg,
die Warnung des Klimas!
Fakten verdrehen euch
falsche Experten.
Niemals nehmt
die Not zur Kenntnis!
Sei Wut eure Weisung,
Wahn euer Kompass!

Ihr sprecht uns Schutz zu,
schonend, endlich!
Ihr erleichtert die lästige
Last des Entscheidens.
Gegen die Gängelei
gnadenloser Verbote
lasst ihr uns leben
wie lange gewohnt.

IV

Krieg

Todestrieb.

Täter im Wahn.

Sie laufen, durch Lügen

gelenkt, ins Verderben.

Kriegsmäuler kauen

klirrende Waffen,

Mahlen zu Mehl

die Menschen darin.

Landminen lauern

das Leben zu töten,

Bomben bohren sich

blind ins Volk.

Kinder des Krieges,

kennt ihr noch Liebe,

Güte und Gnade,

ein gutes Leben?

V

Abend am Húnaflói

Sonne sinkt,

See errötet,

Gleißende Garben

glühen ins Herz.

Weite Wasser,

Wehmut so fern,

Schnee auf den Spitzen

schimmert im Dunst.

Vögel feiern

den Frühling, so spät.

Gräser wuchern

grün den Felsen.

Reich an Ruhe,

rastet mein Leib.

Leben wird leise.

Lust, so still.

VI

Saenautasel

Harte Heimat
im Hochland, erwählt,
zu trotzen der Not,
dem Tod abgerungen.
Arbeit am Abgrund
zur Armut, einsamer
Kampf mit der klirrenden
Kälte im Winter.

Friede am See,
Freude an Tieren.
Warmes Wohnen
unterm Wiesendach.
Eng, aber eigenes
Erbe der Väter.
Der Schneeberg schaut
schützend von fern.

VII

Vulkanland

Spalten speien

Schwefelgift.

Lava lauert

tief im Land,

wuchtet empor,

wälzt sich ins Tal,

löscht das Leben,

ein Laken des Todes.

Hekla ängstigt

mit heißem Hauch.

Katla droht

unter kaltem Schild.

Wenn Askja aufwacht,

wankt das All.

Wohnen auf Glutland,

Wagnis der Menschen.

V
Sonette

Wie schon im Vorwort erwähnt, gehört meine besondere Liebe der alten literarischen Gedichtform des Sonetts. Zwei aus je vier fünfhebigen Zeilen bestehende Strophen entfalten das Thema, und es folgen zwei meistens dreizeilige Strophen, ähnlich aufgebaut, die das Thema zu Ende führen, manchmal aber auch kommentieren oder in Frage stellen.

Die Reimform ist streng a-b-b-a oder a-b-a-b und entsprechend c-d-d-c oder c-d-c-d in den beiden ersten Strophen, freier in den letzten beiden. Ich halte mich hier an e-f-g, e-f-g. Satzübergänge zwischen den Zeilen kommen häufig vor.

Das Sonett V über Friedrich Spee von Langenfeld, einen Jesuiten, Liederdichter und Autor eines hochkritischen Buches über die Hexenprozesse, war das erste, das ich überhaupt geschrieben habe. Als einziges aus diesem Buch habe ich es schon einmal veröffentlicht, in meinem Band *Sonette an Helden und Heldinnen der Geschichte* aus dem Jahr 2020.

Das Sonett IV berührt ein ähnliches geschichtliches Thema: die vielen vergeblichen Versuche von Menschen, sich aus Armut, Unfreiheit und Unterdrückung zu erheben. Die Gedichte I, VI, das mit einem berühmten Ausspruch von *Leibniz* beginnt, und VII sind Reflektionen eines kritisch zweifelnden Menschen im fortgeschrittenen Lebensalter. Sonett III entstand in den denkwürdigen Corona-Jahren, und Sonett II verarbeitet eine Wanderung zu einem beeindruckenden isländischen Naturwunder, einer Lavahöhle.

I

Oktobertag am Fjord

Herbstfarben leuchten durch den dünnen Regen,
verwelktes Laub verwirbelt willenlos,
die Äste, Zweige stehen wie verlegen,
Gerippe ohne Nutzen, schwarz und bloß.

Es trübt sich ein. Die graue Wolkenwatte
verbirgt, als wär's ein ferner Traum, das Licht.
Kühl beißt der Wind. Das Leben einst, das satte:
Erinnerung nur, verwehend im Gedicht.

Ich weiß, die Bäume ducken sich, die Pflanzen
verstecken im nährenden Schlamm den neuen Keim.
Sie wissen tief: Die Sonne kommt zurück.

Weiß das auch ich? Die frommen Geister tanzen
inbrünstig hoffend vor, es gehe heim
zu ewigem Sommer. Zweifelnd ist mein Blick.

II

Lavahöhlen

Der Boden reißt, das Tiefe quillt zur Luft,
die Erdenurzeit schießt empor, die Glut,
sie zischt, sie gleißt mit Funken. Ekelduft
vergiftet, alles frisst die Feuerflut.

Turmhoch und tälerweit, ein rotes Meer
deckt zu, wo Büsche grünten, wilde Wiesen.
Der Wind erstarrt das Magma, schwarz wie Teer,
nur Säulen von Rauch zerfasern in lauen Brisen.

Doch unter der kalten Decke brodelt es noch,
fließt weiter talwärts, bricht am Ende
ins offene Land. Und unter dem steinernen Dach,

da gähnt verlassen ein riesiges heißes Loch,
gefährlicher Schutz für Menschen, die angstvoll
Wände
ertasten nach festem Halt, ein Jahrtausend danach.

III

An das Coronavirus

Nichts weiter als ein Säure-Eiweiß-Wesen,
beschleichst du Zellen, brauchst den stolzen Wirt,
damit er neu den kümmerlichen Code gebiert,
der deinem halben Leben eingelesen.

Nur massenhaft gelingt es dir zu stören,
was tiefes, warmes Leben uns erscheint,
was Mensch und Tier äonenlang vereint:
das Atmen, Luft, aus der wir ewig zehren.

Du blindes Nicht-mal-Tierchen bringst uns Tod,
verscheuchst das bunte Treiben auf den Gassen,
lässt mühsam nur die Welt von dir genesen:

Bist Strafe Gottes? Spott für Krieg und Not?
Des Teufels Werk? Oh nein – du bleibst gelassen
nichts weiter als ein Säure-Eiweiß-Wesen.

IV

Mensch und Mut

Wer kennt den Kampf der Bauern noch, den Traum,
den sie verloren, die Hoffnungen, überrollt?
Wer weiß, wie Kraft und Mut in jenem Raum
in Frankfurt schwang die Farben Schwarz, Rot, Gold?

Wer fühlt es nach, das Sterben auf Barrikaden,
das Lodern der Arbeitermacht, so rasch erstickt?
Wer spürt noch den bitteren Glauben der roten Bri-
gaden,
von Francos Faschisten mit Hitlers Hilfe erdrückt?

So viele Verzweifelte ließen ihr Leben, mit Zielen
im Herzen, utopisch und rein. Ob jemals gelingt
der Umsturz zum Frieden, die saubere Revolution?

Ich stehe mitten im ratlosen Pulk der Vielen,
als einer, der zuschaut, was immer die Zeit erbringt,
bescheiden verwaltend die eigene Notration.

V

Friedrich Spee von Langenfeld

Dein Lied: „Tu' auf, tu' auf, du schönes Blut",
reißt auf den Leib. Kannst nicht der Pest erwehren,
des Halsgerichts! „Gott will zu dir sich kehren",
zerstreut dein banges Häuflein Menschenmut.

Schneid' zu, schneid' zu! Dein Buch, dein scharfes
Wort
hat heilend aufgestochen schwarze Schwären,
uralte Herzenspest aus frommen Lehren,
die Frauen quält und foltert bis zum Mord.

Traumlieder, warm und zart gesungen, treiben
die Wurzeln dürstend tief in Angst und Leid
des kriegszermürbten, müden Volks. Wundoffen

und schwankend, zäh und festen Sinns: Es reiben
sich schmerzvoll Kraft und Schwäche, Spee, so weit
von mir, und fühl mich doch so nah getroffen.

VI

Staunen, zweifeln

Warum ist etwas, und nicht vielmehr nichts?
Warum ergrübeln wir das All, die Welt?
Wozu das Sehnen, Hoffen? Wer verspricht's,
dass Geist, dass Fühlen nicht in sich zerfällt?

All das ist unsrem Innern schlicht gegeben,
was bunt ist, Freude macht, was Rätsel löst.
Sogar die Liebe, fremde Macht, greift tief ins Leben.
Wozu das Spiel? Wer hat das eingeflößt?

Wir wissen nicht den Grund, dass wir uns sorgen,
anstatt nur furchtlos Gegenwart zu denken.
Warum die weite Spanne unsrer Zeit?

All dies bleibt hinter unsrer Welt verborgen,
Wir fragen bange: Wird das jemand lenken
und heben uns in wache Ewigkeit?

VII

Unzulänglichkeit

Der Fluss zieht träge heim zum offenen Meer.
Die Möwe streitet wild um Futterfetzen,
bald dient auch sie den anderen zum Verzehr.
Die Welt gehorcht exakt Naturgesetzen.

Wer sagte mir, dass ich denken darf, ich könnte
dagegen schwimmen, könnte hinauf zur Quelle?
Wer ist so mächtig, dass er mir vergönnte,
mich wegzuheben, hoch aus der Lebenswelle?

Ich will nicht zufrieden sein, aus Trotz, aus Wut,
mit all den lästigen, hindernden Fesseln: Ich sollte
der Mensch sein, der ganze, der gute, den ich mir
male,

vollendet sein. Wer gab mir den kühnen Mut,
die Chuzpe zu glauben: Das, was ich immer schon
wollte,
sei möglich, hinter dem Berg, im blühenden Tale?

VI
Limericks aus Bremen und umzu

Ein Limerick ist eine bestimmte Gedichtform mit überraschend strengen Regeln. Es sind immer fünf Zeilen, die sich a-a-b-b-a reimen.

Dasselbe Schema gilt für die Hebungen: Die Zeilen 1, 2 und 5 haben deren drei, die Zeilen 3 und 4 jeweils zwei. Dagegen wird oft verstoßen!

Eine weitere Regel ist für Limericks absolut typisch: Die erste Zeile beginnt mit einer Person oder Gruppe, manchmal auch einem Tier oder einer Institution, und endet mit einem Ortsnamen.

Der Inhalt ist eigentlich völlig beliebig, außer: Er sollte möglichst lustig sein. Das geht auch gar nicht anders, denn auf viele Ortsnamen reimt sich eigentlich nur abwegiger Unsinn. Dennoch eine Geschichte hinzubekommen, ist die eigentliche Kunst.

Also: Limericks sind Nonsensgedichte, oft „höherer Blödsinn", oft auch schwarzer Humor.

In diesem Kapitel finden sich streng geformte Limericks über erfundenen Unsinn und erfundene Personen, willkürlich verortet in vielen Stadt- und Ortsteilen von Bremen und den Umlandgemeinden. Jede Ähnlichkeit mit tatsächlichen Personen oder Ereignissen ist rein zufällig!

I

An der Weser

Ein Schiffsrestaurant an der Schlachte
versank in der Weser ganz sachte.
Ein einsamer Gast
ertrank dabei fast,
weil er schnarchend ein Nickerchen machte.

Ein Angler aus Kattenturm
fuhr raus auf die Weser im Sturm.
Da fegt ihm geschwind
ein böiger Wind
die Angel ins Wasser samt Wurm.

Ein Freiherr zu Vegesack,
der zeigte sich gern im Frack.
Doch ein Sturz in den Hafen
zerknüllte den Grafen,
und aus war's mit Adel und Lack.

II

Schwarzer Humor

Ein Tischlermeister aus Farge
sägt fröhlich an einer Zarge.
Plötzlich sinkt ihm der Mut,
er fühlt sich nicht gut,
jetzt schreinert er an seinem Sarge.

Ein strebsamer Dichter aus Burg
fühlt berufen sich als Dramaturg.
Doch er hat sich verrannt,
sein Genie wird verkannt.
Jetzt wird er aus Rache Chirurg.

Eine Oma im Ostertor
sich das Schwimmen als Hobby erkor.
Sie schwamm in der Hamme,
bis weit hinterm Damme
ihre Spur sich im Moor verlor.

III

Vertrackte Doppelreime

Einer Violinistin aus Schönebeck,
der rutschten auf einmal die Töne weg.
War das Stück noch so leicht:
Sie hat es vergeigt.
Ganz Schönebeck macht das Gedröhne jeck.

Ein sportlicher Jogger aus Lesum
rannte rasch um den Grambker See rum.
Doch plötzlich: ein Stein!
Laut hört' man ihn schrei'n!
Er stieß sich am Stein den Zeh krumm.

Ein Mädchen aus Oberneuland,
das jedermann schüchtern und scheu fand,
erblühte ganz sacht,
als in milder Nacht
ein Junge ein Lager im Heu kannt'.

IV

Missgeschicke

Ein Fräulein aus Lesumbrok
kochte Huhn à la Japan im Wok.
Sie nahm so viel Chili,
dass ihr Liebster Hans-Willi
vor Schmerz das Gesicht verzog.

Ein Kontaktpolizist aus der Vahr
versackt im Kontakt an der Bar.
Am Morgen danach
wird er mühevoll wach,
weiß nicht, wie kontaktvoll er war.

Eine kräftige Frau aus Arsten
besucht ihren Freund namens Karsten.
Im Überschwang drückt
sie den Kerl so verrückt,
dass am Hemd alle Knöpfe barsten.

V

Höherer Blödsinn

Eine Maid aus Ganderkesee
hatte Augen, schön wie ein Reh.
Sie lief durch den Wald,
da hat sich verknallt
ein Rehbock als Gatte in spe.

Zwei Schwestern aus Habenhausen
wollten Bello, den Pudel, entlausen.
Doch das Fell war so dicht,
sie schafften es nicht,
und ließen die Läuse schmausen.

Ein Zahnarztpatient in Weyhe
vollführte Schmerzensschreie.
Vergebliche Müh'!
Es war zu früh!
Er war einfach noch nicht an der Reihe.

VI

Spaß in Reimen

Ein rühriger Kellner aus Walle
will Trinkgeld, bar auf die Kralle.
Weil die Gäste in Bremen
nur MasterCard nehmen,
verlegt er sein Leben nach Malle.

Tante Trude aus Ritterhude
hat endlich mal sturmfreie Bude.
Denn ihr Gatte Ernie
kriegt ein neues Knie.
Sie haut auf den Putz, die Trude.

Ein Zwillingspaar aus Schwanewede
verliebt sich stantepede
in 'nen Grafen von Rang.
Der fackelt nicht lang
und nimmt gleich alle beede.

VII

Besinnliches

Ein Liebespaar aus Lehe
verspricht sich voll Inbrunst die Ehe.
Doch es fehlt mit der Zeit
die Gelegenheit.
Sie warten, ob etwas geschehe.

Eine einsame Frau aus der Gete
läuft getrieben von Fete zu Fete.
Sie möchte erhaschen
einen Mann zum Vernaschen,
für ein kuschliges Tete-a-tete.

Ein Trauerredner aus Grohn
traf immer den richtigen Ton.
Doch dann, wie verhext,
vergaß er den Text.
Das brachte ihm Spott und Hohn.

VII
Xenien

Xenien sind der Form nach *Distichen*: Ein Hexameter wird gefolgt von einem Pentameter, reimlos. Inschriften, Epigramme, hatten in der Antike oft diesen Aufbau. Am bekanntesten ist eine überlieferte Inschrift zum Gedenken an die griechischen Soldaten, die an den Thermopylen im Kampf gegen die Perser getötet wurden – in der Schillerschen Übersetzung: *Wanderer, kommst du nach Sparta …*

Der Römer Martial (1. Jh. n.Chr.) dichtete nach diesem Muster mehr als tausend Spottgedichte und veröffentlichte sie als *Xenien*, wörtlich *Gastgeschenke*, die man sich in der Gesellschaft zu den Saturnalien überreichte – ein wüstes Fest, am ehesten mit einem ausgelassenen Karneval zu vergleichen. Etliche dieser Gedichte waren derb und anzüglich.

Geschliffener, aber durchaus spöttisch in dieser Tradition, geriet die einzige gemeinsame Veröffentlichung von Goethe und Schiller. Ihre rund 700 Xenien nahmen vor allem Personen aus dem kulturellen, speziell literarischen Leben ihrer Zeit aufs Korn.

Ich habe immer mal wieder versucht, aktuelle politische und andere Personen und Themen mit diesem lyrischen Genre aufzuspießen. Hier habe ich ein paar davon zusammengestellt.

Ich denke, man wird dahinterkommen, wer oder was jeweils gemeint ist …

I

Christen in der Politik

Die Pommersche

Nahrhaft gesund, unter Wolken
und geistlichem Segen gewachsen,

lenkt sie das Land, und das Volk
schlummert in freundlicher Ruh.

Der Mittelständler

Sauerland ist meine Heimat,
wo Lüfte und Geld nicht stinken.

Bierdeckeleinfach, schaut her,
kann ich Finanzpolitik.

König der Stammtische

Reißts euch zamma! Ich führe
euch stark durch schwierige Zeiten.

Talkshows kann ich perfekt,
klingt doch wie neu, mein Text?!

II

Grüner geht's nicht

Der Überschwabe

Breit wie die Sprache des Volkes
tönt mein politisches Denken.

Daimler isch grün wie der Wald,
´s Klimale machet mir auch.

Polemik bricht Wissenschaft

Platon vertraut Philosophen,
nur sie könnten Staaten lenken.

Recht haben reicht nicht, denn BILD
prügelt sie vor sich her.

Politik ist ja gar nicht so

Andere denken die Welt
kompliziert und verwirren die Leute.

Ich rede frisch voran,
passt schon irgendwie.

III

Rechts und links

Jagdhindernis

„Werden sie jagen!" Der Opa,
den Windhund im Schlips, will vorwärts,

steckt jedoch bis zum Gesäß
fest im braunen Sumpf.

Wie einstens Rosa

Ist sie erstanden? Frisur,
Konsequenz, analytische Schärfe –

Leidenschaft mangelt. Es bleibt
bürgerliches Format.

Der Aufgeweckte

Teufel, welch flotter Charmeur
trieb Wurzeln in Honeckers Zuchtbeet!

Flinker Humor überspielt
Schwächen der linken Substanz.

IV

West und Ost und in der Mitte

König als Underdog

Seht den Proleten, den Zocker
am Pult eines mächtigen Staates

pöbeln so dreist, wie auch ihr,
säßet ihr auf seinem Stuhl.

Golnik

„Putin, ein Hinterhofschläger",
sagt ein russischer Blogger.

Leider ließ man den Typ
mitten ins Zentrum der Macht.

Der Automat

Niemals fegt durch sein Antlitz
der Sturm eines wilden Gefühls.

Kühl im Triumph und im Zorn,
spricht er Verlautbarungsdeutsch.

V

Weltpolitik

Mensch und Klima

Klimaneutral muss in Zukunft
das Leben, die Welt funktionieren.

Klimaneutral, so scheint's,
geht es nur ohne Mensch.

Zweierlei Maß

Weh dem Aggressor, der peinigt
und piesackt die armen Ukrainer!

Jemens gequältes Volk
bomben und schweigen wir tot.

... und klein nicht das Kleine

Chinas Partei beherrscht
das Volk mit Zucht und Kontrolle.

Seht: Ein Virus, so klein,
bändigt die Machtclique nicht.

VI

Innenpolitik

Rentnerdasein

„Heimat, da brauchte der Hochofen
mich, die Werft meine Arbeit."

Nostalgie, meine Herrn!
Heimat ist heute vorbei.

Rettungsschirme

Staatliches Geld, unsre Steuern,
sichert den Banken das Leben.

Sichert die Boni der Chefs,
schützt vor Innovation.

Mediengezwitscher

Raben sind schlaue Gesellen,
auf jedem Gebiete Experten.

Meinungen krächzen sie frei
mutig vom Baume herab.

VII

In Zeiten von Corona

Krisenvergleich
(angeregt durch eine BILD-Schlagzeile)

Mancher hat Sorge, das Virus
vertilge den Flug zur Karibik.

Andere ängstigt, die Flut
könnte vertilgen ihr Land.

Maskenlos heute und damals

„Wir, die sich weigern, die Masken
zu tragen, sind Opfer wie Juden!"

Masken, die schützen vor Gas,
gab es in Auschwitz nicht.

Relativ relevant

Bist du systemrelevant?
Dein Beruf wird geehrt wie mit Orden.

Ist dann der Schrecken vorbei,
relativiert das System.

VIII
Einzelgedichte

Zum Abschluss noch eine bunte Auswahl verschiedener Gedichtformen.

Ein Rap (I)!? Er entstand aus einem spaßhaften Wettbewerb in unserer regelmäßigen Autorenrunde. Ich könnte ihn niemals wie ein echter Rapper vortragen, aber ich hoffe, eine Ahnung von Drive und Sprachstil eines Raps erwischt zu haben.

Japanische Haikus (III) sind Mode. Ein Moment im Leben, oft in der Natur, wird impressionistisch eingefangen, dreizeilig, mit festgelegter Silbenzahl 5-7-5. So etwas können die gedichtbegeisterten Isländer auch! Die *rímur*, reimende Lyrik, oft vierzeilig mit je vier Hebungen, sind eine alte Volkstradition. Bei gegenseitigen Besuchen auf dem Land hatte man als Gastgeschenk so einen Vierzeiler mitzubringen. Unter der Ziffer IV finden sich meine Versuche in diesem Genre.

Ziffer V enthält ein Loblied in Hexametern und Pentametern, das ich einmal zu Ehren eines sprachverliebten Kollegen und Freundes verfasst habe.

II und VII gehören zusammen, sie sind im gleichen Stil geschrieben. Wie schon erwähnt, fasziniert mich die Nähe zwischen Gedichten und Musik. Hier wird sie thematisiert (VII), und II ist ein Beispiel, das geradezu gesungen werden will, so wie das Vorbild *Das Lied von der Moldau* von Bertolt Brecht, kongenial vertont durch Hanns Eisler.

Das Gedicht VI ist zum Thema Musik eine gewagte Übung. Felix Mendelssohn Bartholdy schrieb für das Klavier 48 *Lieder ohne Worte*. Die ersten sechs veröffentlichte er im Alter von 23 Jahren. War er verliebt? Ich stellte mir vor, es gäbe Worte, die ein romantischer Bürgersohn jener Zeit über die Melodien legen würde, und habe das am allerersten Lied erprobt.

I

Senioren-Rap

Keinen Schimmer, was ein Rap ist,
was der erste, beste Step ist,
doch wenn alle Oldies slammen,
mach ich mit, wie einst beim Jammen.

Alter, lass uns Wörter rotzen!
Soll'n sie schrein, das ist zum Kotzen!
Fette Lyrics lass uns pöbeln,
die uns dissen, voll vermöbeln.

Digger, ey, jetzt halt die Klappe!
Cooler Rap ist nicht von Pappe!
Ist kein Trullala in Reimen!
Rap muss kämpfen, darf nicht schleimen!

II

Am Grunde der Ostsee

(in memoriam Bertolt Brecht)

Am Grunde der Ostsee, da liegen die Leichen
von Krieg und Vertreibung, von Kälte und Not.
Am Grunde der Ostsee, da rosten die Bomben,
versenkt von der Wehrmacht, ein schleichender
Tod.

Am Grunde des flachen, des brackigen Beckens,
da liegt manche Leitung, zerborsten im Streit.
Am Grunde des wirrsamen Gartens der Schären
belauern sich U-Boote, kampfesbereit.

Wie kreuzten die Schiffe in manchen Zeiten
im friedlichen Handel, im freundlichen Wind!
Wie lieben die Menschen an Stränden und Küs-
ten
das milde Gewässer, die Lüfte so lind!

Ach, wär's eine See, die in Frieden verbindet,
zum Nutzen der Völker, das wünschte ich sehr,
der Russen und Schweden, der Finnen und
Deutschen,
der Dänen und Polen: das Baltische Meer.

III
Haiku – ein Wintertag

Klamm tastet die Hand.
Flackern kündigt Wärme an.
Der Pulsschlag wacht auf.

Die fahle Sonne kämpft.
Knistern huscht über den Weg.
Eis in Pfützen bricht.

Krächzen jagt im Wind.
Raben schwärmen zum Schlafbaum.
Ruhe kehrt zurück.

Nacht umgibt den Fluss.
Zitternd schwimmt ein heller Schein.
Der Mond spiegelt sich.

IV

Isländische Vierzeiler

Huldufolk

Zwischen Kjölur und Langjökull wandern wir heut'

in schweigende wüste Weiten hinein.

Ganz still. Kein Laut. Kein Vogel schreit.

Da! Eine Trollfrau wirft einen Stein.

Am Wasserfall

Da breitet er wieder den Fächer weit,

Dynjandi, donnernd und schäumend weiß,

ein stets erneuertes fließendes Kleid,

von nahem ganz Gischt, von weitem wie Eis.

Breiðafjördur

Es ist, wie wenn mit weiten Armen

der Fjord sich öffnet der Sonnenpracht,

wenn sie im Westen mit milden, warmen

Farben sich neigt zum Meere sacht.

V

Paul Ludwig Sauer – zum 60.

Wag ich's zu rühmen mit sperrigen Worten den
Meister des Rühmens?
Trag' ich mein Herz in den Augen, wie er? Wie
Brot in der Schale:
Geb' ich's drein, mein Lächeln, wenn ausgegos-
sen der Rede
körperreicher Wein? Bin ich denn des Leibes ge-
wiss, der
Säfte des Lebens, die er geschmeckt mit Nase
und Zunge?

> Helft, ihr Freunde, für euch
> wachsen die Worte mir zu!

Kennt ihr den Sturz des Streiters der Lüfte in
frostige Felsen?
Eben noch wirft er funkelnde Pfeile auf Masken
und Götzen,
schaut den schwirrenden Blitzen lustvoll nach,
da steht ihm
grau und gediegen des Buchhalters Arm entge-
gen, und bindet ihn
eng an das eig'ne Gewissen, den heimlichen
preußischen Schatten.

> Ihm, ihr Freunde, zur Kraft
> haltet dem Spotte die Treu'!

Leer ist manchmal der Saal des klingenden Fes-
tes der Sprache.
Sucht ihn dann unten im Tal, wo Trauer und
Frieden sich reiben.
Seht ihn beim Flechten von Steinen und Holz,
zu dämmen den Bach der
„hellen Tränen", so sagt er. Sein knirschendes
Knie versinkt in
Polstern von Moosen und Menschen, und Gott
wird zur Frau und zur Mutter.

    Gebt, ihr Freunde, zurück
      dort, wo das Nehmen so leicht!

„Künde mir, Muse, den Mann ..." – dein Mantel
ist weit, mein Alter,
tief in den Taschen, den faltigen, fand ich dies
Wort des Gedenkens.
War es ein Rühmen? Leuchten und Lachen, Nar-
ben und Runzeln,
alles in Antlitz und Leben vereint ist Ruhm des
Menschen -,
spricht unser Mann am Katheder, mit kurzem
Blick gen Himmel.

    Feiert, ihr Freunde, sein Fest,
      ihm zur Freude und Ehr'!

VI

Lieder ohne Worte Op. 19 Nr. 1

Das ungesagte Wort zu dir,
es lebt tief in mir, tief verborgen.

Dies Wort erklingt ganz leis' nur hier
im Traum,
hörst kaum,
was spricht in mir,
wie ein Lied am Morgen,
darin ich ganz mich verlier'.

Dies Wort, es liegt in mir bereit
für dich, wenn der Weg ist zu Ende.
Ich trage gern des Wartens Leid,
nicht bang!
So lang
verfliegt die Zeit,
bis wir, unsre Hände
umfassend, geh'n lebensweit.

Früh am Morgen wünscht dein Bild
beim Erwachen einen hoffnungsvollen Tag,
vergoldet, was da kommen mag,
dies Bild, so mild!

Das ungesagte Wort zu dir,
bald flüstre ich es leis' in deine Ohren.

Hör hin, mein' Lieb',
denn wie ein Dieb
entführ' ich, was du verloren:

Ich will dein Herz für mich,
dann öffnen sich
die grünen Wiesen und die Wälder
für den Gang durch unsre Lebensfelder,
gemeinsam ewiglich.

Das Wort für dich,
nur für dich, allein für dich.

VII

Gedicht und Musik

Dichten und Singen sind niemals zu trennen,
Sprache und Rhythmus sind immer vereint.
Uralte Strophen, soweit wir sie kennen,
waren als Texte und Lieder gemeint.
Sappho, Homer, viele griechische Zungen,
haben Geschichten in Rhythmen gestanzt,
haben mit Ausdruck die Verse gesungen,
Hebung um Hebung womöglich getanzt.
Atem des Menschen, der Lunge entlassen,
prägt einer Zeile das zeitliche Maß.
Gute Gedanken als Einheit zu fassen
kennt, wer gelungene Dichtung las.

Spürenden Leibs ins Gedicht einzuschwingen:
Hochgenuss dem, der zu öffnen sich weiß.
Tief im Gemüt wird Musik dazu klingen,
Worte als Töne, es schließt sich der Kreis.

Mancher mag einwenden: Allzu versponnen
schwebt solches Schwärmen über der Erd'.
Sei's drum. Ich hab' manche Stunde gewonnen,
die mich mit atmender Freude genährt.

Zum Autor

Jochen Windheuser wurde 1946 im Ruhrgebiet geboren. Nach Psychologiestudium und praktischer Anwendung war er in der Ausbildung von Sozialarbeitern tätig. Jetzt lebt er in Bremen-Vegesack.

Neben Fachartikeln und Projektberichten schrieb er gelegentlich Kurzgeschichten und Gedichte.

Spät im Rentenalter wagte er sich an literarische Veröffentlichungen. 2020 erschien sein Roman *Ingólfur – Ein Leben in Island*, ein Produkt jahrelanger Beschäftigung mit diesem Land und einigen Reisen dorthin.

Es folgten zwei Gedichtbände mit strengen lyrischen Formen: *Sonette an Helden und Heldinnen der Geschichte* sowie *Limericks aus dem Bremer Norden*.

Im Jahr darauf erschien der Roman *Zeitenfuge – Das zweite Leben des Benno von Ansperg*, ein phantasievolles Science-Fiction-Spiel mit Physik, Neuropsychologie, Geschichte, religiöser Mystik und Kulturen.

Viele Kurzgeschichten entstanden im Laufe der Zeit, veröffentlicht im Band *Unvergessliche Augenblicke*.

Auf Anregung seiner Frau folgten Versuche mit dem beliebten Genre der aktuellen Lokalkrimis. Drei sind bisher erschienen, alle kreisen um den alten Binnen- und Museumshafen in Vegesack: *Im Bauch des Schulschiffs*, wo sich das spätere Mordopfer ein Stelldichein mit fünf Verdächtigen gibt, *Havengeburtstag* mit einem Schweinswal in zentraler Rolle, und *Vegesacker Jungs*, eine psychologisch tiefgründige Geschichte um eine Skulptur am Ufer dieses Hafens.

Ingólfur. Ein Leben in Island
Books on Demand, Norderstedt 2020. 328 S.
ISBN 978-3-7504-3770-8, broschiert 13,80 €, E-Book 9,49 €

Sonette an Helden und Heldinnen der Geschichte
Books on Demand, Norderstedt 2020. 116 S.
ISBN 978-3-7526-6817-9, broschiert 9,80 €, E-Book 6,99 €

Limericks aus dem Bremer Norden
Books on Demand, Norderstedt 2020. 40 S.
ISBN 978-3-7526-7291-6, broschiert 6,80 €, E-Book 4,99 €

Zeitenfuge. Das zweite Leben des Benno von Ansperg
Books on Demand, Norderstedt 2021. 296 S.
ISBN 978-3-7534-4161-0, broschiert 14,80 €, E-Book 9,49 €

Im Bauch des Schulschiffs. Ein Krimi aus Bremen-Nord
Books on Demand, Norderstedt 2021. 235 S.
ISBN 978-3-7557-1316-6, broschiert 12,80 €, E-Book 8,49 €

Unvergessliche Augenblicke. Kurzgeschichten
Books on Demand, Norderstedt 2022. 192 S.
ISBN 978-3-7562-2319-0, broschiert 9,80 €, E-Book 6,49 €

Havengeburtstag. Ein neuer Krimi aus Bremen-Nord
Books on Demand, Norderstedt 2023. 224 S.
ISBN 978-3-7578-5243-6, broschiert 12,80 €, E-Book 8,49 €

Vegesacker Jungs. Dritter Krimi aus Bremen-Nord
Books on Demand, Norderstedt 2024. 193 S.
ISBN 978-3-7597-6737-0, broschiert 12,80 €, E-Book 8,49 €